JN418730

Kim Kyung

시인 김경

누가 바람의 집을 보았는가

김경 시집

누가 바람의 집을 보았는가

Poetics 시학

■ 시인의 말

조그마한 물 함지박에 노랑어리연꽃이 제 물자리 물그림자 환하게 비추고 있습니다 꽃잎 피는 아픔도 꽃잎 보는 기쁨도 높낮은 서로의 거리 제자리에서 더불어 소통의 경계가 참 아름답습니다 우리 주위 어느 것 하나 새삼 귀하지 않는 것이 어디 있겠습니까 돌아보면 모두가 축복이고 감사하는 일입니다.

멀리서 가까이서 함께한 고마우신 분들께 그 소중하고 귀한 인연을 깊이 감사하는 마음을 전합니다.

2009년 1월
김경

차 례

제1부 지평선 끝을 가다

제2부 바람 든 무에도 꽃이 핀다

제3부 청개구리와 애기똥풀꽃

제4부 어떤 가랑잎 하루

제5부 누가 바람의 집을 보았는가

제1부

지평선 끝을 가다

그 섬에 가다

세기말의 사람들이 달려간다
시간이라는 긴 장대 열차를 타고
황량한 네바다 사막을 지나
라스베이거스로
눈 뜨고 눈먼 사람들이
모래무지 허허벌판에
일확천금 꿈을 꾸다 사라져 간 후
낮에는 유령의 도시
밤에는 광란의 거리
두 얼굴 하늘은 충혈되고
지구는 저 홀로 돌아간다
그 이상도 그 이하도 없는
불멸의 별천지 사막의 꽃 섬
욕망의 늪 지글지글 끓고 있다
하룻밤 영원한 황금 바벨탑이여
나는 이방인
흔들리는 넋을 주워 들고
서둘러 길을 떠난다

폭풍 허리케인

대서양을 열어 주는 포토맥 강 하구
하늘 바다가 출렁이는 삼백육십 도
사람이 갈 수 없는 길을
허리케인이 길을 내며 휩쓸고 간다
지구 중심이 한쪽으로 기우뚱 기울고
물먹은 물방개들이 전조등을 켜고
흔들리는 물 바닥
체사부리크 다리를 건너 메릴랜드까지
장사진이다
또 얼마를 달려갔을까
끝없는 지평선 직진의 고속도로를 타고
폭풍우는 바람처럼 지나가고
거대한 자연의 실루엣
햇살 빛나는 것들이 소리 나는 것들이
가득 채워 흐르면서
향기 살아 있어 더욱 슬프게 아름다운
꿈꾸듯 한 생애가 가리다
사라지는 모든 것은 다 그리움으로 남는다

신들의 정원

흰 눈 덮인 산보라 경계 너머
콜로라도의 파이크스 피크 등산로 입구
온통 한 덩어리 붉은 돌산이다
거인 바위가 꿈틀거리며
하늘 향해 솟구쳐 걸어간다
그 발아래 크고 작은 기이한 형상들이
장강의 돌 숲을 이룬다
서로 어깨가 붙는 개구리 샴쌍둥이 성당바위
증기선바위 스코틀랜드 사람 낙타의 입맞춤
바벨탑 두꺼비와 독버섯 연단바위 사인바위?
이 깊은 굴형으로 빠져들 때
숲을 뒤흔드는 천기누설 바람 소리
휘돌아 나오는 세상 지워버리고
앞서 간 사람들 숨소리마저 아득하다
붉은빛에 갇혀 숨죽이는 시간 속으로
비경의 끝일까
영원한 불가사의 신들의 정원을 거니는
인디언의 슬픈 영혼 그 깊은 붉은 빛깔이여!

지중해 여름

피레네 산맥을 넘어간다
아찔한 벼랑길 건너서면
짙푸른 수평선 끝이 없다
햇살은 가시처럼 따갑고
올리브 나무들이 초록 열매를 맺어
시간이 멈춰 서 있을 때
계절은 지중해 여름으로 출렁인다
그들의 열정이 넘치는 모래바다
축제를 위한 알몸으로
금빛 모래성을 세운다
큰 바위 얼굴들이 바라본다
갑자기 모래 발자국들이 일어나
파도 속으로 걸어간다
내 기억의 필름은 거기서 끊어지고
웬일일까 저만치 나를 밀쳐 놓고
아무도 보이지 않는다
낮달이 뜨고 별이 반짝이는데

모래바다는 어디로 홀연히 가 버렸나
한여름 꿈속의 오박 육일

자연의 숨소리

하늘 향해 뿜어 올린 간헐천 숨소리 수십 미터 수직 기둥 높이를 세운다 4만 리터 수증기 허공 춤사위 환호 넘치는 갈채 기립 박수가 파도치면 옐로스톤공원 광장은 화려한 계절의 축제 한순간 지나가면 허망히 흩어지는 낮은 숨소리 내려앉은 물방울마다 석회석으로 굳어져 분출 입구에 둥글게 눈물의 옹이를 끌어안는 이 장엄한 대자연의 신비 앞에 조심스럽게 머리 숙인다

다시 떠나는 길 너머 어느 해인지 화마가 지나간 자리 원시림의 수만 헥타르 황토 빛깔 위에 까맣게 서 있는 나무들의 나신 무슨 형형한 형벌을 그렇게 안고 서 있는지 잃어버린 황막한 자연도 자연일까 새까만 숯으로 서 있는 산 능선 따라 계곡과 계곡 사이 뛰어 넘나드는 공포의 검은 그림자 그 그늘 도로 지나는 동안 마음 좁아진 한 점으로 묵묵해진다

하늘의 재앙은 그 누구도 막을 수 없다는 것을 아는

사람들은 다 안다 또 얼마를 달려갔을까 넓다 크다 길다 끝없는 산야 레드우드 울울창창 푸른 숲길 사슴 물소 아메리카들소 곰이 한가롭다 한낮 길 위에서 토끼 노루가 유유히 다니는 걸 보며 살아 있는 동물의 세계 생활 가까운 대자연의 숨소리 웅장함과 무한함에 더욱 옷깃을 여미는 여정 달려간다 해가 지지 않는 서쪽으로

지평선 끝을 가다

진종일 지평선 가로질러 간다 네브래스카 주 서부 끝없는 초록 평야 세계를 주름잡아 먹이는 콩 옥수수 밭머리 매섭게 몰아치는 말발굽 소리 긴 세월 푸르게 소용돌이 친다 허리 굽힌 영가 검은 숨결 먼 하늘 끝에 구름은 목화밭으로 피어난다

이름 없이 일하는 그들이 있었기에
대륙 힘은 그리 크고 넓었을까
좁아진 세기의 평화가 새롭게 열리고
신 자유 십자가를 맨 화살표들이
지평선 너머 멀리 구석구석까지
삶의 이정표를 남긴다

해가 지지 않는 나라 길 따라 해가 지지 않는 이곳 햇살 맑은 바람 하늘 공기 자작나무숲 새소리 이름 모를 낮은 풀꽃 모든 것이 함께 나 살아 있어 더욱 아름답다 오늘의 끝없는 여로 그 지평선 끝을 가다

그분 손길 끝이 없습니다

— URAY 동굴에서

장장 하일 지침 없이
그들은 과연 어디서 온 사람들인지
깊고 긴 동굴 안이 장사진입니다
지구 시작과 함께하는
비밀한 시간의 레일을 따라서 가면
살아 움직이는 종유석 보화보고입니다
듣는 이 심장 멈추게 하는
천상의 바람소리
어디선가 후라이가 방금 익혀 나오는 듯
보고 또 보고 싶은 가는 순간마다 신비의 카퍼레이드
빈 충만 가득함으로
누구나 거져 받는 영원무궁한
당신 축복임을 다시 알게 합니다

그해 여름의 경계를 넘다

수년 전 그들을 만났을 때
천국이 따로 없다고 좋아하더니
LA 다운타운 노인아파트 삶을
나라에서 생활비 대 주고
아프면 병원에서 치료받게 해 준다더니
이렇게 마음 편한 노후가 어디 있냐며
호언장담 자식들도
살아가는 현실에 익숙해졌다더니

부모님은 항상 그 자리에 계시리니
믿고 있는 안심과 방심 사이에서
무심함으로 유죄가 된다

— 혼자 사는 아파트에 혼자 죽음을 맞이하고
시신이 되어도 수십 일이 넘도록 무연고자
시체에 섞여 방치한 비통한 삶의 막장 —

타 인종에 있을 법한 일들이

한인에게도 있었다
어느새 국경과 민족의 경계를 넘어서면
모두가 살아온 삶의 뒤편에
어떤 사연이 있었는지 알 수 없지만
오늘도 창문을 향하여
눈 바라기가 되었다 하는 사람들의 행렬

낯설지가 않다
울리지 않는 전화벨 열리지 않는 아파트 문틈으로
노후의 그늘 그 쓸쓸함의 노을이
어느 누구에겐들 밀려오지 않으랴

푸른 하늘

다람쥐 한 마리가 현관 앞까지
제 몸보다 긴 회색 꼬리를 치켜들고 서 있다
가만히 바라보았더니
화들짝 놀란 듯이
온몸 곤두세워 두 손 싹싹 빌고
잽싸게 느티나무로 튀어 오른다
곁가지 잎들이 파르르 몸을 떨고
꼬리 흔들어 나무 중심을 잡는다
날마다 바지런히 물어 나르는 먹이창고
가득 차면 다시 시작하고
또 까맣게 잊어버린다는 다람쥐
저 먹머루 눈빛!
대책 없이 바라보고 있을 때
어디선가 우르르 몰려왔다가
통통 몰려가는 참새 떼 발자국 소리
내 어린 날의 외할머니 집 뒤란
대숲에 추억처럼 날아와 앉는다
우듬지 끝에 날개깃 휘어지는 소리 들려오고

그 숲 사이로 얼비치는 그림자
모두 어디로인가
혼자 떠나 버린 그리운 사람들
그 얼굴 사이로 드리운 그늘이 그립다

가을 그리고 비

가을비가 몇 차례 내린 후
나뭇잎들이 옷을 바꾸어 입기 시작한다
한 번도 가보지 못한 셰넌도어 허리 굽은
숲속 나무와 나무 사이
그 거리만큼 꼭 그렇게
황금 초록의 초상화 속으로 빨려 들어가는 듯
나는 길을 잃고 길 찾아 숲에게 묻는다
숲은 비밀처럼 몸을 숨기고
어느 먼 곳으로부터 휘황한 빛 뿌리는가
빛들의 무한한 잔치가 너무 환해서
그만 그 빛으로 시린 눈 감으면
꿈을 꾸듯 꿈속에서 천년 세월이 간다

또 누구인가
나를 끌고 가는 시차 속에서
바람처럼 사라진 것들 뒤돌아보면
아득한 세상의 강가에
홀로 물그림자 기울어 가는데

이름 없는 풀꽃들이 피어나는데

향 맑은 바람소리

둥근 새소리

야윈 벌레소리가 하늘을 가득 채운다

이 가을 깊은 터널에서

나는 오랫동안 길을 잃는다

물 위에 사는 사람들

벌거벗은 소년들이 뱃길을 연다
비릿한 생선 가득 찬 통통배 사이
육지 문물 실은 여인의 쪽배 하나가
쏜살같이 흘러 세월을 가른다
돈레샵은 물 반 고기 반
손으로 잡아 보이는 사람들도 있다
끝없는 붉은 황하 위에
유람선은 쉬지 않고 오고 간다
집집마다 안테나가 높이 서 있고
수상교회 학교 경찰서 카페 웨딩홀이
수묵화처럼 정겹다
물 위에 사람들은
그렇게 살아가고 있는 것일까
아득한 하늘엔 구름 한 점 없다
어디서 나타났는지
나뭇잎 나뭇잎 둥근 함지박 타고
소년 하나가
오른손은 바닷물을 휘젓고

왼손으로 물바퀴처럼 물을 버린다
황톳물보라 맴돌아 가는데
뱃길은 자꾸 멀어져 가는데
"원 달러 원 달러" 왜장치는 소리
삶이 목덜미를 팽팽하게 잡아당기는 거리
흔들리는 뱃전 침묵이 흐르고
달러 한 장 물거품에 젖는다
울컥 그 모습
마음 자락에 와 전생처럼 매달린다

왕조의 별빛 따라

천년 전 시간을 산처럼 덮고 있다
멸망한 왕조의 뿌리 깊은 유산
무궁한 앙코르와트 신비함이여
그 흔적 허물어져 가는 성벽이 장엄하다
날마다 세상 사람들
침묵성으로 불러들이고
주인 없는 잔치는 오늘도 끝나지 않는다
그들은 어디로 가고 없을까
지구 한 귀퉁이 잠든 칼의 무덤
열정의 나라 큰 몸집 작은 캄보디아
남루한 아이들 때 묻은 손 내미는 사이
빛과 어둠의 갈피 속에서
누구를 위한 보석인가
지난 왕조의 유물이 쓸쓸하다
돌아서는 길 위에
조상의 찬란한 문화유산 유적 앞에
욕심 없이 텅 빈 어린 마음들이
오늘도 내일을 위해 손 벌리고 있다

성 프란체스코 성당에서

세상 어디에도 없는 한 말씀
살아 숨 쉬는 낮은 자리마다
이천 년 도도히 흐르는 은혜의 강물이었습니다

작은 석문 들어서면
오 척 단신 당신의 영원한 사랑
가시 없는 장미꽃 향기 피어나고 있습니다

작은 둥지 속 하얀 비둘기 한 쌍 위에
언제나 쏟아져 내리는 무한한 빛줄기
그 시작은 어디입니까

해가 지지 않는 나라
영혼의 복음으로 여울져 갑니다

지은 죄 너무 많아 마주보지 못하여
멀리멀리 눈부셔 눈이 부셔 깨달았습니다

꽃의 성당 성 프란체스코

돈워라 바람아

예기치 않는 일이다
섭지코지 해안도로 타고 넘는 길
비릿한 물비늘 바람소리 스치는
창밖의 너를
생각 없이 생각하다가
하늘인지 바다인지
맞닿는 그곳을 본다
처음도 없고 끝도 없는
기억 속 너 거기 바람 불고 있어
너울 너머 한 치 그림자 밟아 가면
가는 만큼 멀어지는 너와 나의 거리
마음 닿을 수 없는 무한천공
그 멀리에도 우리가 잠들 세상이 있다는 것을
나는 믿는다
이제 네게 남는 것은
잊을 수 없는 것들 곁에서
돌아왔다가 돌아가는
내 마음의 둔덕 한겨울뿐이다

천천히 우리는 늙어 가고
올인의 추억을 끌고 오르는 언덕 위로
하얀 십자가를 바라보며
처음과 끝의 사이에서
나는 더 이상 갈 곳이 없다

제2부

바람 든 무에도 꽃이 핀다

봄비 그 후

종일 봄비 내려 저 홀로 젖고 있는 땅의 유두乳頭
속속 깊이 쏠려 가는데 실뿌리 어둠 밀어 가듯
솜털 마른 가지 끝에도 톡톡 불거지는 활촉 소리
화들짝 잠을 깬다 다시 돋는 새잎 부리

저, 형형한 빛으로 살아나는 모든 것들의 음표
그리고 율律

추웠던 기억 속으로

산수유 꽃잎 곁가지 뭇 노랗게
허공을 가르는 쌀쌀한 날씨입니다
위험하게 밟힐 수 있는 길섶 위에
이름 모를 초록 풀잎이
환하게 세상을 열고 있습니다
그냥 지나쳐지지 않아
돌아가서 가만히 들여다보았습니다
손가락 한 마디도 되지 않는
아린 풀대를 세워 놓고
큰 잎 작은 잎 순서대로 모양 갖추어
겨울 하늘 밀쳐 올리고 있습니다
저 작은 것들이
또 작은 우주를 만들어 가고 있습니다
추웠던 겨울 지나
살아 있는 모든 것 슬프도록 아름답습니다

경칩

얼음 골에 실금이 간다

청정수 졸졸
무백리 길 장강의 편지를 쓴다

제 빛깔 물 그늘에
산개구리 한 쌍
연둣빛 물비늘 차고 튀어 오른다

암컷이 수컷 등에 업혔는지
수컷이 암컷 등을 타고 있는지

먼 산에 연두 아지랑이 돋는다

바람 든 무에도 꽃이 핀다

봄날이다
노란잎 바람 든 무 하나
버릴까 말까 하다가
물 접시에 꽂아 놓았더니
그 어둠의 중심에서 밤새도록
물 길어 올리는 소리
봄길 열어 가는 소리

아! 너도 지난 겨울 동안
쇠창살 너머 무한 허공에
싹을 틔우고 있었구나
하얀 꿈 망울망울
아린 잎가지 사이마다
제 새 꽃잎 피워내며
봄 하늘 아래 네 안의
우주 들어올리고 있었구나

떡잎 공화국

밥쌀에도 어울리지 못하고
그늘진 한 귀퉁이에 남아 있는
흰 노랑콩 한 컵 물에 불려 두었다
밤과 낮 사이에 남몰래 눈을 뜬다
키 낮은 4분 음표로
까만 비닐봉지에 쏟아 붓고
밑자락에 구멍을 숭숭 뚫어
수도꼭지에 걸어 놓아
시루에 물 주듯이
물 한 모금씩 들며 나며 주었더니
어느새 떡잎 공화국이 꽉 들어찬다
얽히고설키고 잘도 자라기 며칠
통통한 머리와 하얀 뿌리줄기가
햇살 밝은 바리케이드 선 밖으로
스크럼을 짜고 밀고 나온다
세상은 환하다
가득 찬 기쁨을 한 줌 두 줌 뽑아내어
저녁 둥근 밥상 위에
무공해 콩나물 한 접시 산뜻하다

봄 까치아파트

안개 자욱한 동쪽 하늘에
호롱불처럼 걸려 있는 아침 해
그늘 따라 까치부부 울음소리 분주하다
언제부터인가 아파트 숲 속 깊이
높다란 굴뚝 철사다리 끝에
한 가족 두 집인 듯 위아래
붙박이로 살아간다
지상의 가장 아름다운 집으로
이 봄 다시 보수하는지
부리에 검불가지 물고 잽싸게 오른다
초록 햇살 흔들리는 숲 그늘 마다하고
저 높은 곳으로 살아가야 하는지
그 시점 무심한 거리를 두고 있다
그래도 사람 곁에 찾아들어 집을 짓고
가족을 이루는 고마운 것들
자꾸 멀어져 가는 것이 한낱 그들뿐이랴
편리하면 할수록 외로워지는 세상살이
덧없이 사는 일 오늘 같아라

까치의 현란한 비상처럼 그렇게
시간의 급행열차는 한량 가득 봄을 싣고
울긋불긋 들불로 번져 오고 있다

역사驛舍에서

지하철 기다리고 서 있는데
눈썹 짙고 입술 도톰한 한 여자가
높은 방향 가리켜 저것들 보라 한다
손끝을 따라 치어다보니
역사驛舍 높은 철골 천정 귀퉁이에
비둘기들 몸 부풀기가 한참이다
부리를 맞대어 비비대고
머리를 갸우뚱갸우뚱
무슨 약속인지
온몸 깃털을 거대한 빵처럼 부풀린다
튀어 날아오르며 줄타기 몸 타기를 한다
눈 깜짝할 사이
짧고 긴 역사가 이루어진다
언제 그런 일이 있었느냐는 듯이
서로 등 돌려 당당하게 꼬리를 치켜세운다
그러곤 조용해졌다
지하철이 들어오고 자동문이 열리고
나오는 사람 들어가는 사람

교차되는 시간 차는 다시 달린다
세상에 크고 작은 모든 일들이
한순간에 이루어지고 사라진다
흔들린 손잡이에 기대어 나는 중심을 잡는다

봄날은 간다

그대 지나간 모래 발자국 지우며
나 바람 부는 바닷가에 서 있다
바라다보면 봄 물든 하늘 아래
수평선 휘돌아 쏠려 오는 파도소리
하얀 레이스 자락으로 모래톱을 비질한다
사금 빛 반짝이는 여울목에
살아 있는 모든 것이 가득한 하루
노랑부리괭이갈매기 떼
물 차고 돌아돌아 날아오른다
무한의 시간 위로 던져 주는 먹이 따라
잽싸게 받아 물어 올린 허공의
푸른 춤사위
봄 하늘 하얗게 덮는다
산다는 것은 그렇게
수없이 날갯짓하는 일인가
언제부터 괭이갈매기 떼들이
그렇게 세상 쉽게 사는 법을 배웠을까
어디로인가 떠나가는지

연락선 하나 통통거린다
청 물결 날개 치는 섬과 섬 사이 떠나간
그대 만선의 고깃배 아직 돌아오지 않고
광안리 모래밭 길에
벚꽃 하얗게 흩날리는 바람소리
꽃잎 베어 물고 봄날은 간다

언제 이처럼 멀리 왔을까

춘분날이다 맵찬 바람과 바람 사이
꽃 웃음소리 까르르 몰려 있는 그곳
맑은 산새 소리가 그윽하고 둥글다

아직 먼 산이마가 차가웁다
오르막길 켜켜이 쌓인 시간 속으로
홀로 늙어 성불한 은행나무 한 그루
그 무릎 아래 수묵고요 깊다

누군가 세상의 길을 지우고
나는 날마다 그 거리만큼 네게로 가지만
바람 부는 벌판 너는 어디에도 없다

한때 마음 푸르렀던 숲 속의 꿈
꿈꾸었을 우리 젊은 날들은 가고
돌이켜보면 잠시 여행길에서 온 것처럼

내 삶은 어느새 이처럼 멀리 왔을까

삼합

우수절 매운 눈보라 치는데
뿌리 깊은 나무 온몸으로 떨고 있는데
세상 문밖 이내 조등이 걸리고
이승과 저승의 경계에서
국화꽃 송이송이 쌓여 미소를 두고
누군가 어디로 떠나가는지
사람들이 모여들기 시작했다
그 앞에 잠시 고개를 숙이고
돌아서면 모두 마음 착해지는 시간
아무도 울지 않았지만
아픔의 끝은 얼마나 멀고 깊은 외로움이었을까
한번 더 찾아뵙지 못한 죄스러움
하늘 볼 수 없는 마른 이별 어찌 아프지 않으랴
모든 인연 침묵으로 둘러 앉아
홍어 돈육 신 김치 오독오독
삼합의 지난 세월을 반추한다
삶은 그런 거라고
그렇게 서로 어울려 살아가는 거라고

자정을 넘어 주고받던 사이
남아 있는 자 내일을 위하여
막 눈보라 치는 깊은 밤 밤의 강을 건너간다

생각나무에 관하여

참 몰랐다 내가 어느 길로 한 세상을 가고 있는지

삼백예순다섯 날 날마다 나 없이 나를 떠나보내면서

비명이 다시 내게 돌아오는 장대 꽂힌 못 생각나무를

오늘도 무연히 바라보며 어디를, 어떻게 가야 할까
생각해 본다

부활절에

가는 곳마다
꽃 무더기무더기 피어납니다

하늘만한 당신의 사랑
한 말씀 안에서

모두가 빈손 가득히
큰 축복의 꽃다발 받습니다

눈부신 그 하느님 나라가
온 세상에 넘치고 있습니다

푸르던 날이 꽃무동을 타고 갑니다

아지랑이 흰 그림자
창유리에 어른거린다
문 열고 바라보니 연둣빛 보리햇살
재 너머
산바람 소리 손 흔들며 가자 합니다

발아래 민들레
패랭이 곰바부리
향낭을 움켜쥔 저 낮은 걸음걸이들
부풀어 꽃 이파리도 문턱을 넘습니다

어깨 닿을 듯
속가슴 떨리던
우리 풀꽃사랑 잊혀져 가는데도
스무 살
푸르던 날이 꽃무동을 타고 갑니다

아무도 없다

그려 본다 오늘 밤에도
줄을 그으면 선이 되고
칠하면 면이 되는 마음의 백지 위에
세상의 키를 낮추고 숨소리 가뭇없다
작아질 대로 작아진 내 영혼의 집

수없이 허방이 딛고 간 한 바다
오늘도 파도는 제 안으로 부서지고
다시는 되돌아갈 수 없는
여기 이순 너머 골 깊은 언덕까지
진실한 노래 하나 부르고 가지만
아무도 듣는 이 없다 아무도 없다

제3부

청개구리와 애기똥풀꽃

노랑어리연꽃

밤새워 걸어와서

웅덩이에

암자 하나 세운다

그 순간

등신불이 되는 꽃

그보다

더 눈부신 날 없으리

입하入夏

봐라
저기 저 산봉우리
구름이 돌아서 가는 자리

등고선 타고 내려온
산 깊은 바람의 굴형까지
연둣빛 봄의 건반을 두드리며
경계를 알 수 없는 곳

눈 맑은 물소리 낮게
귀 밝은 솔바람 소리 싱싱하게
산새 소리 환하게 둥글다

구례 화엄사
각황전 석등에
매달려 있는 물음표 하나

아득한 백제의 천년을 지키고 있다

뻐꾸기 왈츠 추는 사이

오월 어느 눈부신 날에
뻐꾸기 왈츠를 생각한다

남의 둥지 속에 알을 낳는다는 뻐꾸기
숲에서 초록초록 울어 대고

우리 집 벽 붙이에 사는 뻐꾸기
시간마다 문 열고 나와
요한슈트라우스에게 인사를 한다

부화한 새끼 뻐꾸기가
다른 새의 새끼를
열심히 둥지 밖으로 밀어내는 사이

눈먼 산까치는 제 새끼인 줄 알아
먹이 찾아
재빠르게 돌아오는 동안

청개구리와 애기똥풀꽃

빗방울이 유리창을 토닥토닥 두드릴 때
여름은 휘파람을 불며
바위너설 너머 어디로인가 달려가고 있다
연둣빛에 초록으로 짙어져 물결 치고

어미 무덤이 떠나갈까 봐
울고 울어대던 청개구리 떼
비가 오고 강물 넘치는 바람 불어도
이제 울지 않는다

산 끝 빈 마을에는 맑은 빗물이 굽이 돌아서
애기똥풀꽃만 깔깔대며
귓불 샛노랗게 영글어 가고 있다

도솔암 가는 길

이른 아침
산막의
휘파람새 소리 맑다

송화 가루
번져 가는
물도랑 솔바람 향기

진종일
턱을 고인 채
할미꽃 적적하다

분꽃을 보며

함초롬히 여우비 내렸다
헐거워진 골목이 환하다

한 줄기 초록 잎잎 사이
그만 그만큼 거리 꼭 그렇게
길 잃은 사람들이 모두 거기 서 있다

빨강 꽃잎이
노랑 꽃잎이
제 따로 생생히 피어 있다

가만히 들여다보니
내 어릴 적 꽃밭 살이
차고 도는 고운 무지개로 떴다

풀잎각시 하얗게 분 바르고
연지곤지 찍히는 꽃잎 웃음소리

너머 그 딱딱하고 까만 분꽃 씨를
하나 받아 간다

달맞이

한여름 밤 맑은 달빛이
낮게낮게 깔린 어둠을
무겁게 밀어내고 있습니다

밤이슬에 제 그림자
속살 적시며
슬픔만큼 부풀어 오르던 달빛이
달맞이꽃으로 피어납니다

바라다보노라면 꽃 핀 자리
꽃대궁에 고이는 눈물이슬도
그대 마음속 깊이 흘러들기까지
또 얼마나 기다려야 할까요

우리 함께라면
이 밤 이지러지도록 달맞이
달맞이꽃으로 흔들리고 싶습니다

한여름 밤의 꿈

무싯날이 아니다
집안 대소가들이 모두 모인다는 것은
오랜 만남의 함박 웃음소리가 어울려
왁자지껄할 때
늦게 들어온 말수 적은 막내 도련님이
붉은 장미꽃 백 송이 가슴에 안겨 준다
마음 가득 넘치게 받아들고
지상의 중심이 되어 버린 나 나를 보고
모두가 눈빛이 휘둥그레진다

오늘은무언가좋은일이있을것같다

예감 덕분이었을까
뜻밖의 선물
지나가는 바람도 잡았다 폈다 접었다 하는
烏. 竹. 扇.
보고 또 보고 접고 펴고 입 마르도록
자랑 자랑하고 내 소장 목록 일호가 되는 순간

꿈속의 장미 향기 가득히 피어나는 날

뒤돌아보니 길 없이
환한 그네 길이 허공을 가른다
웅성웅성 거려 깨어나니
모두가 일장춘몽
한여름 밤의 꿈이었다

함께 가는 생명 스케치

올림픽아파트 사이로 흐르는 성내천 감천이 살아 움직인다 낮은 물길 돌아 물 진 자리 비 그친 오후 흰 두루미 한 마리가 찾아왔다 소중한 보물 바라보듯이 환호의 디카가 그 아린 모습을 찰깍찰깍 담는다 송사리 떼 물그림자 물 보퉁이처럼 몰려다닌다 텃새도 무리 지어 날아오른다 혼자서는 살 수 없는 것들 에돌아가는 물소리 따라가 보니 친환경 국적 없는 붉은 살찐 잉어 떼 엄마 손잡은 아이들이 던져 주는 먹이 따라 유유작작이다

어딘가 조금은 섭섭하지만 그래도 맑게 투명하게 흐르는 낮은 물소리 사람들이 사는 구석구석마다 이렇게 소통되었으면 살아 움직이는 모든 것이 함께 있어 얼마나 세상은 아름다운 것인가 다시 생생해지는 환한 산책로 걸어가는 사람들의 발걸음 유난히 가벼워진다

빗소리 따라

무궁화 꽃잎이 빗소리에 힘없이 떨어 지고 있습니다
제 마음도 까닭 없이 빗소리에 젖어들고 있습니다
희미한 거리쯤에서 한 사내가
빗속으로 걸어 들어가고 있습니다
나는 그가 보이지 않을 때까지 우두커니 서서
가슴께까지 차오르는 빗소리 떠나보내지 못하고
유리창에 가려지듯 멀어진 눈을 감았습니다
그 아득한 기억 저편 끝에서 세상은 저 혼자 깊어지고
또 하나의 내가 빗속을 빗소리 따라가고 있습니다

보리암 풍경

비탈진이랑이랑소금꽃하얗게흩뿌린다
헉헉숨막히는삼복더위내속나와함께걸
어가면길위에길없이도절로간다산바위
가풀막도허위넘는바람새길내리막큰자
리없는절집홀로남아벼랑끝에천년세월
이매달고있다바람이머리채풀어놓고간
애틋한풀꽃자리누군가버리고간속내들
이한조금영혼의빛으로여울진다하늘문
열리고남해금산바닷물이생금으로빛나
는길고짧은하루가생생멀어져가고있다

울음 꽃 번지다

여름을 일으켜 세우는 삼복더위 파크팍 낮은 하늘 느티나무 그늘에
찾아든 매미 울음소리 꽃 번지어 가는데

사람들은 호수와 조각 숲을 만들어 플라스틱 무지개 새둥지 걸어 두지만
날아간 텃새는 하나도 돌아오지 않았다

꿈속에 울던 수꿩 소리 간곳없고 사철 푸르던 소나무도 침묵처럼
곁가지 꺾어진 채로 에도는 길목을

그래도 표표히 나무뿌리 끝에서 천형의 깊은 어둠 밀고 어둠 속에
나오는 눈먼 굼벵이 망사허물 벗어 걸고

보호색 연록은 변하여 검은빛으로 매미들 날개 펴는 열창의 푸른 궁전

광야로 낮밤일 없이 한여름 톱질하는가

어둠의 세월에 대하여 한 달포 남짓 장엄한 시간들 짧았지만 울울창창
숲 속의 진초록 불을 품은 울음 꽃이여

살아서 더 슬픈 것 허공에 가득하다 세상 밖 사람들은 그들을 기억하리
땡볕이 긴 창날처럼 정수리에 내리꽂히는 날을

울력

1

일개미 한 마리가 길을 찾는다
촉수를 세우고 방향을 잡으며
주황색 날개점박이매미 머리통을 물고
뒷걸음 뒷걸음으로 친다
땡볕이 내리꽂히는 팔월 한낮을
제 몸뚱어리보다 몇 배 큰 먹이를 물고
보도블록 길을 끌고 간다
일만 하다가 운명을 다한다는 개미 한 마리
가는 허리 끊어지게 제 삶을 물고 가는 길
가다가 만난 일개미들이 도우려 하지만
절대사절! 자존이다
하늘 받들고 가는 길 장엄하다

2

요것 봐라
이 복더위에 나를 따라가게끔 한다
장미가시 수풀더미 담장 밑 햇볕자리까지

토사물이 보이는 입구에 이른다
전투병들이 모여들고
너무 커서 들어갈 수 없는지
전리품을 곁에 두고
일개미들이 모여들어 터널 입구 땅을 파헤친다
눈 깜짝 사이에 울력이 끝나고
머리통을 꼭 물고 끌고 밀고 내려간다
이윽고 개미의 왕국에 들어섰으리라
그 나라에 지금 무슨 일이 일어나고 있는지

받돌 계단

중문 바닷가 모래밭 길에서 보았다
주상절리 돌기둥 깎아 세운
집게벌레 방사 탑을
그 후 사람들이 그를 따라 쌓았다던가
받돌과 나무계단으로
위를 향해 흔들리지 않게
한발 한발 긴 세월 내딛으면서
집게어미벌레들이 새끼를 위해
부지런히 먹이를 나르던 이 절벽을
뒤돌아볼 수 없다

갑자기 검은 안개 휘돌아 온다
하늘 바다 땅 한 치 틈새 없이
길은 간곳없고 공포의 블랙홀에 빠진다
한라산 삼신할매가 심술 사나워
시시각각 변덕을 부리는 이곳
이 세상 나는 없어지고 영혼만
아찔한 어둠 속 빠져나간다

바깥은 초록이 눈부신 날인가
새소리와 꽃향기 소리가 열리고
집게벌레 길이 길을 끌어가고 있다

제4부

어떤 가랑잎 하루

가을 묵시록

가을볕에 흔들리는
마른 풀 향기 바스락 소리

여울 하나 만들고
그 기억의 뜰 안에
형벌처럼 서 있는 나무 한 그루

몰려가는 가랑잎
그 자리에
오롯이 고이는
은빛 고요

야윈 바람이
어두운 가슴을
자꾸 쓸어내린다

소리물고기

서리 서릿바람 맑은 날

내장사
추녀 끝에 곤두박질치는
쇳물고기 하나

알몸으로
헤엄치는
풍경 속의 풍경 쇳소리

높고 낮은 산자락 따라
햇살바퀴 굴리며

가을산맥을 달려간다

강 길에서

수묵의 고요 속으로
앞산이 엎드린다
수심은 제 깊이를 아는지
물빛 불기둥을 세우고
타는 강 물길 속에
천년의 시간이 번쩍인다
물 잔등 위에
추초는 긴 그림자 거두고
일렁이는 물마루 너머
그 가슴 홀로 안을 때
초저녁 별 하나가
하루치 목숨의 무게를 안고
가는 밤길을 밝힌다

너와 나

어제만큼
오늘도 멀어지는 너
해 질 무렵 문득 너를
내 안에서 보았다

함께 살아온 날마다
보이지 않던 너 속의 나
또 하나의 네가
내 속에 살고 있음을

알았을 때
이미 너는 내 속에 없다

어떤 가랑잎 하루

가랑잎이 큰 산길을 이끌고 내려온다
연연히 이 길목에서
나는 아직도 모르는 일이 많다
가을 언덕 위에
십자로十字路의 문이 열려 있는 곳
그 익숙한 사람들의 낯섦에 대하여
세상살이의 아득함에 대하여
슬픈 희망 하나가 곁도 없이
희고 팽팽한 시간의 열차를 타고
어두운 터널 속으로 긴 여행을 시작한다
따따—닥— 철각철각— 쿵쾅쿵쾅—
얼마를 지나 왔을까
한 점 오차도 없이 !, ?,
기호로 바뀐 네 부재의 자리
또 기다려야 하는 동안
세상의 그늘 그림자 저 혼자 걸어 나온다

가을 가다

1

먼 산빛이 단풍잎으로 얼비치어 옵니다
마른 가슴속 저도
이제 당신의 나이가 되어
따라가는 길고 짧은 하루마다
돋보기 바꿔 쓰고 일어납니다
세상 이치도 조금은 알 것만도 같아
지나온 길 뒤돌아보니 문득 아득합니다
당신의 시간보다 얼마를
더 서서 걸어가야 하는지요

2

가을 끝자락에 서서 홀씨 하나로 흔들립니다
내가 나를 가두어 버린 날들이 무심천에
멀고도 가까운 징검다리 건너
희미해져 가는 얼굴들을 데려갑니다
낡은 주소록이 하나씩 지워지고
빈 바람만 떠도는 시간

아픔보다 외로움이 더 무섭다는
당신의 말씀 속에서
한 해의 가을이 또 깊어 스러져 갑니다
어.
머.
니.

떨감나무 노을

태풍이 지나간 뒤
늦은 물매미 울음소리 저 혼자
악을 악을 쓴다

야윈 세간 소리 깊은 상처 위에
언제 그런 일이 있었느냐는 듯이
푸른 햇살 놋날로 쨍쨍 쏟아진다

눈여겨보지 못한 떨감들이
계절 앞에 서로 젖은 제 몸을 말리며

속살도 제 마음처럼 붉어 가는지
서쪽 하늘 등성이 노을이 불타고 있다

서리 국화

한 세상이 끝나고
한 해가 문을 닫아거는 시간입니다
황토 빛깔 아늑한 그 언덕 아래
또 어떤 세상이 시작되려는가
서리 국화꽃 내리내리 덮어두고
가슴 시리도록 모두 자기의 길 떠나갑니다
푸른 산 하늘 아래
솔바람 소리 소리솔숲에 일어나
망초꽃 다발다발 하얀 물결 띠처럼
산비탈에 무너져 가고
어디선가 산새 한 마리
소나무 곁가지 위에
잠시 앉았다가 포르르 날아갑니다
새가 되었을까 당신은
작은 어깨 위에 무거운 짐마차 끌고
얼마나 많은 바람 찬 밤길 걸어왔었나
지금 이 생각 그때 했었더라면
당신이여!

가만히 불러봅니다
아무런 대답 들리지 않는 그곳
빈 메아리 메아리만
영영 멀어 희미해져 갈 뿐
그렇게 잊고 잊히면서 살아가야 한다고
이 가을 서리 국화꽃 다시 피었습니다

반백의 노을

그는 지금도 길을 헤매며 가고 있을까
머리 위에 무섭도록 짙푸른 가을 하늘
죄 없이 죄 지은 듯 차마 볼 수 없어라

길 건너 낮은 동산 오르면 우장 쓴 잡목 숲이
여름 묶인 제 목숨 털뿌리 가지런히 뻗는다
산안개가 살며시 길 위에 발 올려놓으면

가을 섶에 풀벌레 소리 야위어가고
허수아비도 춤을 추고 떠나는 마음 허허벌판에
쇠기러기 목울음 소리만 하늘 강물을 가른다

억새바람 굽이굽이 물결치는 파도 속에
휘감아 도는 반백의 노을 덧없다 하더라도
그대 찾아가는 길 아직 남아 있지 않을까

가을의 곁가지 끝에 차게 감도는 흰 바람이
비켜 간 자리마다 가랑잎 타는 강이 흐르고
마음은 강물 건너 교차로에 서성거린다

째보선창 닻 내리다

아무도 묻지 않는다 왜 왔느냐고
그리워 아득한 길
바람과 함께 내 마음 달려온 곳
옛 영화의 그늘 속으로 선박 몇 척
닻을 내린 째보선창가
예나 없이 빈 물결만 출렁이누나
온금동 고갯길 넘어서니
민둥민둥 오포산이 보인다
정오나 자정을 울려
가슴 조이던 오포의 사이렌 소리
통금을 지켜 주던 밤 깊은 딱딱이 소리
달빛 쏟아지던 푸른 밤바다
사공의 노 젓는 소리는 그 언제였을까
잊혀진 골목어귀 발자국마다
침묵을 깨고 힘차게 일어섰구나
빌딩숲으로 뒤덮인 오거리
낯익은 듯 낯선 얼굴들이 웅성웅성
모두 떠나 버린 내 유년의 빈터

정지된 시간의 정거장 앞에
삼십여 년 전 고향 없는
빈 바람만 나그네처럼 떠돌고 있다

삼학도* 바람소리 물결소리

괭이갈매기 낮은 떼울음 소리에 떠밀려 파도 출렁인다 먼먼 날의 한 기왓골에 연연戀戀하던 어느 봄날 복사꽃가지 온통 봄 하늘 물들였는데 그녀들은 저마다 꿈으로 약속한 그리움 싣고 곧추선 돛단배 유유히 푸른 바닷길을 떠 흐른다 유달산 기슭 너럭바위에 도를 닦는 낮달처럼 수려한 한 사내가 그들의 운명으로 다가오는 날 신이 내린 철궁 화살촉 까맣게 방향 없이 쏟아진다 구멍 뚫린 난파선 휘돌아 뱃머리 물밑으로 쏠려 잠길 때 갑자기 풍파주가 커지고 높아지더니 랑파주 한세상이 사라지고 영혼의 붉은 너울 바람 따라 불었다

여린 처녀들 넋이 세 마리 학이 되어 하늘 높이 솟아올랐다던가 유달산을 향해 날아가다가 그만 목포 앞바다에 떨어져 영혼이 남은 섬 세 개가 되었다던가 수수천 년 그리움으로 유달산을 바라보던 삼, 학, 도, 바람소리 물결소리 지금은 기왓골에 복사꽃도 섬도 어디론가 떠 흘러가 버리고 녹슨 기계 차의 붉은 깃발 아래

기름때 가진 파도소리만 아득한 전설처럼 밀려오고 밀려간다

* 매립 34년 만에 2000년부터 복원 공사를 시작했다. 2011년까지 완공 예정이라 함.

오이도烏耳島는 끝내 보이지 않았다

나는 어디론가
귀 바람에 불려 가고

그 바람 끝 어디쯤일까
이내 깔리는 무량한 빛깔
마음은 물들어 가고

또 다른 한 생이 기다리고 있을 것 같은

길 밝히는 등불 하나
허공에 걸어 놓고 있는

저 사람은
까마귀 귀 닮았다는데

오이도 끝내 보이지 않았다

갈래길

1

전화가 왔다 친구의 목소리
단짝 정이가 세상을 버렸다며
그래 얼마나 깊은 상처의 끝 길 홀로 걸어갔을까
무심했던 옛 얼굴들이 아프게 떠오른다
어느새 내 나이 어릴 적
까마득하던 부모님의 그 자리에 와 있다
만나고 헤어지고 기다리며 우리 살아가는 동안
빛바랜 추억으로 떠오르는 거기
함박꽃처럼 정 많았던 정이
아무도 모르는 허망한 꽃잎들이 지고 있다

2

강물 위에 그녀를 뿌렸다
한 점 불빛과 바람으로 실려
알 수 없는 먼 길 떠나가는 그
모두 가야 하는 길 먼저 갔을 뿐이라고
남은 우리 서로의 안부를 다짐하면서

제각기 빈 강둑을 떠나갔다
마음 무거워진 하루가
석남꽃 꽃노을로 타고 있었다

입추 무렵

어디에서 날아왔는지
말매미 한 마리
방충망에 붙어 앵앵거리고 있다

아무도 없는 여기에서
소리 내어 홀로 우는
저 슬픔은 어디에서 밀려온 것일까

대추 꽃 피어난 제 자리
열매 속살 불어갈 때
잎가지에 몸 더 불어 함께 울었을

열매는 날마다 제 몸을 다독여
빛깔을 붉게 담아 가고
말매미 울음소리가
여름 그림자를 밀어내고 있을 때

풀벌레 한 마리가

누구 위해 방충망에 붙어서

한참이나 울고 떠나가는 것일까

제5부

누가 바람의 집을 보았는가

소한小寒

창 가득 눈보라 몰아치는 소리
휘돌아 첩첩산중
수북수북 눈발 쌓이는 소리
낯선 아름다움이
흰 가슴뼈 드러내는 소리

세상 밖으로
웃길 아랫길 다 끊어진 소리
천지의 적막 저 혼자
켜켜이 시간을 묻는 소리

아—평등과 평화가
사람과 사람의 마음으로
오솔길을 내는
수안보 솔바람 소리

내 영혼의 적막강산
불어 가는 겨울바람의 말굽 소리

누가 바람의 집을 보았는가

시간의 풍차가 돌아가는가
내 추억의 바람개비가 돌고 있는가

가고 있다는 것 알지만
가는 곳 어디인지 모르면서

혼자 터벅터벅 걸어가는 길
모두 한곳으로만 가고 있다

저만치
바람의 집 한 채
하얗게 낡아 가는 모습 보이느냐

난蘭 그리고 그 후

우연히 인사동에 나갔다가
허공에 춤을 추는 난蘭을 보았다

오늘이라는 어느 멀고 먼 외로움이 섬에서 실려 왔을까
초겨울 인사동 입구 이 지상의 바닷가에

가비야운 고조선란, 백제란, 산란송향천리, 때로 무애 춤추며,
난이 바람을 타는가 바람이 난을 타는가

바람타고 흐르는 그대 시간의 강물에
서설묵란 하나 치고 돌아오는 길
그 영혼의 바람 차가웁다 난의 향기가 알싸하다

눈길을 가며

하늘과 땅 경계가 사라졌다
눈보라 치는 남도 길
눈 위에 눈
펑펑 쏟아져 세상의 남루를 덮는다
네 눈에 눈꽃송이 핀다
눈꽃송이 눈썹이 하얗다

하얀 눈물로 세상을 본다
눈보다 더 흰빛으로 눈부셔
눈 시리다
눈처럼 시린 사람 어려 온다
그 사람 눈망울 그리며
나 홀로 남도 눈길을 간다

한계령에 한계가 있듯이

올라갈 수도
내려올 수도 없는

마음과 마음의
절정 그 틈 사이

내가 내 속에 갇혀 있습니다

면벽 삼백예순다섯 날

나 없는 나
미칠 것 같습니다

내가 없는 동안

내가 나를 잃어버린 것일까
잃어버린 내가 나인지 알 수 없다

(세상에 없는 나
생의 한가운데 서서
먼 귀만 남아
6789번이지요
혼자 받고 혼자 끊는다)

그럼 그는 또 누구지?
글쎄! 알 것도 같은데

흐려진 안경을 손에 들고 맑게
닦는 일이라는 것을 알게 되었다

산다는 것은

겨울 강

꽁꽁 얼어붙어 있다
가득 채운 얼음장이
유연한 유영의 지느러미 접고
겹겹이 누워 있다

아가미 속 낚시 바늘 꿰어
찢긴 입 앙 다물고
눈뜬 채 얼어 있다
그 바다 차마 눈 감지 못하고

한때 온몸 흔들어
짙푸른 바다 물길 가르며
유유히 떠돌 적에
은빛 바다
중심의 자유였을
거대한 파도소리
출렁인다

단단한 시간의 바다 적막 끝으로

그해 끝에

가뭇없이 무슨 말을 하랴

물빛 불빛 세상의 눈부신 것들이
만질 수도 다가설 수도 없는
거리를 두고 있습니다

생각은 잠시 돌아서서
하늘 한번 꼭 끌어안고

싶은 그것뿐이었습니다

훌쩍
지나버린 한 해

섣달그믐 밤이 저물고 있습니다

한밤에 깨어

백지 위에 길을 찾아가고 있다
깊은 밤 불개미 한 마리
(요놈을!
어떻게 할까 말까?)
생각을 따라가다가
그만 검지 손끝으로 쓱— 문질러 버렸다
형체 하나 없이
아무것도 아니었음을
밤의 동굴이 삼켜 버린다
바람벽에 멍하니 기대어
돌기둥으로 서 있는 순간
마음 돋보기에 확 깨우쳐 오는 것은
쥐도 새도 모르게
나도 누군가에 의해
부름 받지 않을까
잠시 멈춘 시간의 나선 통로 속으로
나는 들어갔다 나 모르게 나왔다

돌아가는 길

젊은 풍경 저편 혜화동 로터리
부서진 내 꿈의 파편들이 사그라들고
키 큰 가로수 앞에 서서
떠난 버스를 기다린다

들끓는 음악 소리 따라
잠시 감도는 그 이름으로
그렇게 가슴 떨리던 부끄러움도
내가 너무 멀리 왔다는 느낌도
뒤늦게야 알아차렸다

또 한 해 겨울이 간다
삶의 행간에 늘 거부당했던
한살이가 처음도 없고 끝도 없이
내가 나를 아프게 하는지 모른다

바람이 부는 겨울밤 깊어가도

그곳으로 가는 버스는 끝내
오지 않았다

서설란

옆에 두고 한겨울 너에게 무심했다

그사이 어둠 속속 밀어 올린 숨결은

꽃대궁 쇠창살 너머 햇살 끌어 모았구나

가만히 바라다보면 그 따뜻한 슬픔

세상은 너의 빛으로 끝없이 번져 가고

올해도 나는 거저 받는 꽃빛 죄만 같아서

무언가

1

문이 문을 열어 준다
거대한 빌딩 숲 속
사람들이 그 길 끝에 서면
서로 등을 돌린 채
기호 앞에 수직으로 솟구쳐 오른다
아스라한 허공 어디쯤
반짝 철문이 열리고
수직과 수평 사이 그림자 빠져나가면
골목은 수직 추락한다

2

삶의 교차선
오늘도 아무 일 없었다
수평의 길 바퀴 세우고
검지를 인지한 후
문 열리고 불빛이 앞서 간다
무언의 하루 무게가

수평으로 시간을 내려놓으면
당신의 숨결이 앉아 있는 곳
무언으로 수직과 수평이 만난다

쿼바디스

고양이 CC가 외눈으로 세상을 쏘아봅니다
지하 차고 틈새에 살고 있는 도둑고양이와 똑같아
소, 돼지, 양, 생쥐, 실험동물들이 어제의 일이 아니
라지만

지금 우리는
"핵무기 전쟁은 고사하고 인간복제, 장기매매, 체외
수정,
에이즈, 미구에 닥칠 물 기근, 광우병, 구제역, 환경
호르몬,
이제 테러와 탄저균"까지

하느님!!
한 말씀만 하소서
지구는 어디로 어떻게 가야 합니까

꽁지노을

하늘처럼 높은 것도
땅처럼 낮은 것도 아니다

성전의 첫 기둥 사람의 마을에 세우고
우리는 살가운 사이
좋은 날보다 힘든 날이 더 많았던
그 먼 길을 함께 걸어오는 동안

고목처럼 뿌리 깊은
이 무슨 웬수 천생연분이었을까
싶을 때도 있었지만

그래도 이 세상에서
제일 소중한 한 사람
당신이라는 이름으로

그 지친 날갯죽지 갈피에

어느덧 깊이 모를 늦가을 숲 속

아름답게 쓸쓸한 노을이 내린다

생명의 가치화 또는 '참 나'를 찾아서

김 재 홍
(문학평론가 · 경희대 교수)

1. 시란 무슨 의미를 지니는가?

시와 비평 또는 시인과 비평가의 상관성은 무엇인가? 시를 쓰는 데 있어 비평은 무슨 의미를 던져줄 수 있으며, 시가 과연 사람에게 육체적, 정신적인 치유 기능을 가질 수 있을 것인가?

일찍이 비평가 리처즈 I. A. Richards는 비유컨대 의사가 사람들의 육체적인 병을 진단하고 치료하는 역할을 수행한다면 비평가는 시와 시인들의 아픔을 진단하고 치유하는 역할을 한다고 그의 『문예비평의 원리Principles of Literary Criticism』에서 갈파한 바 있다. 요컨대 비평, 비평가란 시인과 시에 진단과 치료기능을 함께 가짐으로써 시가 좀 더 완성된 모습으로 발전돼 가고 시인 또한 더 높은 정신을 향하여 나아가도록 자극하고 충동하는 긍정적인 역할을 지닌다는 점을 강조한 내용이라고 하겠다.

이 점에서 김경 시인은 하나의 선명한 실례를 보여주는 경우라 할 수 있다. 그분은 비교적 늦은 나이에 시에 입문하였고, 당시만 해도 병색이 완연하여 건강이 걱정되는 바 없지 않았다. 그럼에도 불구하고 그분은 그러한 위태로운 느낌을 주면서도 성실하고 진지하게 10여 년 이상 시창작을 지속해 나아갔다. 마치 환자가 투약을 해서 스스로 건강을 되찾으려는 치열한 노력을 전개하는 것처럼 열성적이면서도 꾸준히 시라는 묘약을 스스로 처방하고 조제 · 복용하면서 건강과 삶의 희망을 발견하려 지속적으로 노력해 온 것이다.

그 결과 10여 년이 지나는 사이 그분은 마침내 다시 시를 통해 건강을 회복할 수 있었고 정신적인 절망을 치유하면서 그 속에서 희망을 발견해 냄으로써 시의 부활, 생의 상승을 성취해 낼 수 있었던 것으로 여겨진다. 시와 그에 가해지는 비평이 훌륭한 정신적 치유 기능을 지닐 수 있음을 실증적, 성공적으로 보여준 예라고 하겠다.

이에 다시금 그의 시가 더욱 깊어지고 그의 삶이 밝고 환하기를 기원하는 뜻에서 제2시집 『누가 바람의 집을 보았는가』의 세계를 간략히 살펴보기로 한다.

2. 시, 삶의 성찰과 자존에 이르는 길

먼저 김경의 시는 끊임없는 자아 발견과 자기 확인의 노력을 통해 산다는 것이란 과연 무엇이며, 무슨 의미를 가질 수 있는가에 대한 성찰을 보여 주는 데서 의미가 드러난다.

> ① 그대 지나간 모래 발자국 지우며/ 나 바람 부는 바닷가에서 있다/ 바라다보면 봄 물든 하늘 아래/ 수평선 휘돌아 쏠려 오는 파도소리/ 하얀 레이스 자락으로 모래톱을 비질한다/ 사금 빛 반짝이는 여울목에/ 살아 있는 모든 것이 가득한 하루/ 노랑부리괭이갈매기 떼/ 물 차고 돌아돌아 날아오른다/(…중략…)/ 산다는 것은 그렇게/ 수없이 날갯짓하는 일인가
>
> —「봄날은 간다」 부분

> ② 하늘 볼 수 없는 마른 이별 어찌 아프지 않으랴/ 모든 인연 침묵으로 둘러 앉아/ 홍어 돈육 신 김치 오독오독/ 삼합의 지난 세월을 반추한다/ 삶은 그런 거라고/ 그렇게 서로 어울려 살아가는 거라고
>
> —「삼합」 부분

> ③ 일만 하다가 운명을 다한다는 개미 한 마리/ 가는 허리 끊어지게 제 삶을 물고 가는 길/ 가다가 만난 일개미들이 도

우려 하지만/ 절대사절! 자존이다/ 하늘 받들고 가는 길 장
엄하다

—「울력」 부분

인용시편들은 이러한 삶의 의미 또는 산다는 것이란 무엇이며, 무엇이어야 하는지에 대한 끊임없는 모색과 성찰을 보여 주어 관심을 환기한다.

먼저 그것은 시 ①처럼 산다는 것이 바람 부는 세상 바다에 떠서 "수없이 날갯짓하는 일"로서 묘사된다. 그만큼 지금까지 살아남기 위하여 부단히 노력하지 않으면 안 됐고, 살아 있는 한 날아오르기 위해 끊임없이 꿈틀거리지 않으면 안 된다는 자각과 다짐을 보여 주는 내용이라 하겠다.

시 ②에서 삶은 여러 인연들이 서로 얽히고설켜 전개되며, 만남과 헤어짐으로 연속되는 것이라는 깨달음이 제시된다. "홍어 돈육 신 김치 오독오독/ 삼합의 지난 세월을 반추한다/ 삶은 그런 거라고/ 그렇게 서로 어울려 살아가는 거라고"하는 공동체적 삶의 원리 또는 화해와 협동의 미학에 대한 깨침이 담겨 있는 것으로 이해된다.

아울러 시 ③에는 삶이란 모든 존재자가 다 자기 앞의 삶을, 노동의 삶을 살아갈 수밖에 없으며, 또한 스스로의 자존과 운명의 십자가를 지고 살아가야만 한다는 확신을 제시한다. "일만 하다가 운명을 다한다는 개미 한 마리/ 가는 허리 끊어지게 제 삶을 물고 가는 길/ 가다가 만난 일개미들이 도우려 하지만/ 절대사절! 자존이다/ 하늘 받들고 가는 길 장엄하다"는

구절 속에는 그렇게 스스로의 삶에 최선을 다하며 살아가는 삶이 가장 아름다운 삶이고 스스로의 삶에 의미를 부여하고 가치를 높이는 길임을 강조하는 뜻이 담겨 있다고 하겠다.

이처럼 시집에는 나란 무엇일까라고 하는 자아발견과 자기 성찰에서 비롯된 생의 인식과 그에 대한 지속적인 성찰이 시의 밑바탕을 관류하고 있음을 본다. 실상 이러한 자아발견과 자기 확인, 그리고 자기성찰과 자아실현 그리고 자기극복을 통해 생의 의미를 확인하고 가치화하려는 노력이 바로 시를 쓰는 의미이고 가치임은 두말할 필요가 없으리라.

3. 작은 것 사랑과 약한 것의 가치화

나아가서 시집에는 삶의 주변에서 쉽게 찾아볼 수 있는 작은 것 또는 약한 것, 착한 것들에 대한 연민과 사랑 그리고 의미 부여로서 가치화의 노력이 지속적으로 펼쳐지고 있어 관심을 끈다.

> 산수유 꽃잎 곁가지 뭇 노랗게
> 허공을 가르는 쌀쌀한 날씨입니다
> 위험하게 밟힐 수 있는 길섶 위에
> 이름 모를 초록 풀잎이
> 환하게 세상을 열고 있습니다

그냥 지나쳐지지 않아
돌아가서 가만히 들여다보았습니다
손가락 한 마디도 되지 않는
아린 풀대를 세워 놓고
큰 잎 작은 잎 순서대로 모양 갖추어
겨울 하늘 밀쳐 올리고 있습니다
저 작은 것들이
또 작은 우주를 만들어 가고 있습니다
추웠던 겨울 지나
살아 있는 모든 것 슬프도록 아름답습니다

—「추웠던 기억 속으로」 전문

이 시는 모진 겨울 추위를 딛고 살아나는 새 봄의 산수유 여린 꽃눈과 초록 풀잎을 통해 작고 보잘것없어 보이는 것들에 대한 강한 응시와 애정을 표출하고 있다. 특히 "위험하게 밟힐 수 있는 길섶 위에/ 이름 모를 초록 풀잎이/ 환하게 세상을 열고 있습니다/(…중략…)/ 손가락 한 마디도 되지 않는/ 아린 풀대를 세워놓고/ 큰 잎 작은 잎 순서대로 모양 갖추어/ 겨울 하늘 밀쳐 올리고 있습니다"라는 구절 속에는 작은 풀잎 하나가 바로 세상을 열어가고 우주를 지탱하는 근원적인 힘이 된다는 점을 제시하고 있어 주목을 끈다. "저 작은 것들이/ 또 작은 우주를 만들어 가고 있습니다"라는 구절에서 보듯이 풀잎 하나가 바로 우주생명이고 동시에 생명의 우주라는 인식을 통해 인류의 역사가 한 사람 한 사람 이름 없는 사람들에 의해 이루어지고 전개돼 간다는 깨달음을 보여 주고 있기 때문이다. 그러기에 "추웠던 겨울 지나/ 살아 있는 모든 것 슬프도록 아름답습니다"라는 작은 것에 대한 의미 부여, 약한 생명에 대한 가치 부여를 통해 세상에서 제일 소중하고 아름다운 것이 바로 생명 그 자체라는 깨달음과 확신을 제시할 수 있는 것이다.

실상 이러한 작은 것에 대한 의미 부여, 약한 생명에 대한 가치 부여는 그대로 시인 자신의 삶에 대한 것이고 나아가서 세상의 모든 가녀린 생명들에 대한 것이라는 점에서 쉬 간과할 수 없는 중요한 내용이 된다. 주변부의 중심부화 또는 소외된 것들에 대한 가치화라는 명제에 해당되기 때문이다.

밥쌀에도 어울리지 못하고
그늘진 한 귀퉁이에 남아 있는
흰 노랑콩 한 컵 물에 불려 두었다
밤과 낮 사이에 남몰래 눈을 뜬다
키 낮은 4분 음표로
까만 비닐봉지에 쏟아 붓고
밑자락에 구멍을 숭숭 뚫어
수도꼭지에 걸어 놓아
시루에 물 주듯이
물 한 모금씩 들며 나며 주었더니

어느새 떡잎 공화국이 꽉 들어찬다
얽히고설키고 잘도 자라기 며칠
통통한 머리와 하얀 뿌리줄기가
햇살 밝은 바리케이드 선 밖으로
스크럼을 짜고 밀고 나온다
세상은 환하다
가득 찬 기쁨을 한 줌 두 줌 뽑아내어
저녁 둥근 밥상 위에
무공해 콩나물 한 접시 산뜻하다

—「떡잎 공화국」 전문

이 시에는 이러한 작은 생명의 의미화 또는 소외된 것의 가치화가 더욱 구체적으로 묘사돼 있어 시를 읽는 재미를 더해 준다.

보잘것없어 보이는 비닐봉지 속에 노랑콩들이 열어 보여 주는 화안한 떡잎의 세상, 생명의 세계에 대한 경이와 찬탄이 신선한 느낌을 던져 주는 시이기 때문이다. 모든 것이 기계화, 대량화, 상품화되고만 오늘날 현대적 삶의 풍정 속에서 노랑콩을 불려 콩나물을 길러 먹던 지난 시대의 모습은 이제 쉬 찾아보기 어려운 모습이 아닐 수 없다. 그만큼 생명적인 것, 인간적인 것들과 멀어져 가는 모습 속에서 생명에 대한 그리움과 그에 대한 소중함을 새롭게 인식하는 내용을 제시하고 있다고 하겠다. “시루에 물 주듯이/ 물 한 모금씩 들며 나며 주었더니/ 어느새 떡잎 공화국이 꽉 들어찬다/ 얽히고설키고 잘도 자라 며칠/ 통통한 머리와 하얀 뿌리줄기가/ 햇살 밝은 바리케이드 선 밖으로/ 스크럼을 짜고 밀고 나온다/ 세상은 환하다"라는 구절 속에는 그러한 작은 생명들이 어울려 피워내는 생명의 화엄세상과 그에 대한 경이와 찬탄이 신선하게 부딪혀 온다.

무엇보다도 "가득 찬 기쁨을 한 줌 두 줌 뽑아내어/ 저녁 둥근 밥상 위에/ 그녀의 무공해 콩나물 한 접시 산뜻하다"라는 결구 속에는 오늘날의 삶이 그러한 소외된 것들의 가치화에도 의미가 놓여지지만 나아가서 생명성의 회복, 자연성의 회복이라는 명제 또한 절실하고 소중한 것이 아닐 수 없다는 자각과 확신이 담겨 있는 것으로 풀이된다는 점에서도 주목할 만하다.

4. 생명감각 또는 생명의 가치화

따라서 이 시집에는 생명에 대한 섬세한 감각을 드러내는 것과 함께 생명을 아끼고 섬기며 사랑하는 노력으로서 생명의 가치화에 대한 집중적인 관심이 피력되고 있는 것이 특징이다.

① 얼음 골에 실금이 간다

청정수 졸졸

무백리 길 장강의 편지를 쓴다

제 빛깔 물 그늘에
산개구리 한 쌍
연둣빛 물비늘 차고 튀어 오른다

암컷이 수컷 등에 업혔는지
수컷이 암컷 등을 타고 있는지

먼 산에 연두 아지랑이 돋는다

—「경칩」 전문

② 봄날이다
노란잎 바람 든 무 하나
버릴까 말까 하다가
물 접시에 꽂아 놓았더니
그 어둠의 중심에서 밤새도록
물 길어 올리는 소리
봄길 열어 가는 소리

아! 너도 지난 겨울 동안
쇠창살 너머 무한 허공에
싹을 틔우고 있었구나

하얀 꿈 망울망울
아린 잎가지 사이마다
제 새 꽃잎 피워내며
봄 하늘 아래 네 안의
우주를 들어올리고 있었구나

—「바람 든 무에도 꽃이 핀다」 전문

인용 시들에 두드러지는 것은 생명감각의 형상화로서 봄의 노래이며 그 예찬이다. 봄이란 무엇인가? 그것은 얼어붙었던 동토에서 생명이 다시 살아나는 부활과 소생의 상징이고 동시에 생명과 희망의 표상이 아니던가. 봄은 우주적 생명력을 실감케 하는 생명의 계절이고 생성의 시간이자 부활의 시간인 것이다.

시 ①에서 그것은 "산개구리 한 쌍/ 연둣빛 물비늘 차고 튀어 오른다// 암컷이 수컷 등에 업혔는지/ 수컷이 암컷 등을 타고 있는지// 먼 산에 연두 아지랑이 돋는다"와 같이 생명감각은 대지의 깨어남과 함께 성性 상징으로 제시된다. 봄은 부활의 계절이고 새 생명을 잉태하는 시간이며 새롭게 생명이 약동을 시작하는 계절이라는 뜻이다. 특히 "얼음 골에 실금이 간다/ 청정수 졸졸/ 무백리 길 장강의 편지를 쓴다/(…중략…)/ 산개구리 한 쌍/ 연둣빛 물비늘/(…중략…)// 먼 산 연두 아지랑이"라는 시구들에서 보듯이 섬세한 시어들이 환기하는 심미적 표현성은 생명의 감각과 환희를 불러일으키기에

충분한 것이 아닐 수 없다.

아울러 시 ②에서 봄은 병든 생명, 쇠잔해 가는 생명마저도 되살아나게 하는 우주에너지로서 작용한다. 봄에 생명이 움트는 소리는 생명의 물 길어 올리는 일로부터 시작된다. 겨울의 쇠창살 너머 무한 허공에 싹을 틔우려는 안간힘을 통해 생명의 꿈을 새싹, 새꽃잎으로 피워내며 "봄 하늘 아래 네 안의/ 우주를 들어 올리"고 있는 것이다.

이러한 생명에 대한 꿈, 부활과 재생의 의지는 실상 인간의 삶, 대지적 삶을 살아나게 하고 자라게 하며 무성하게 만들어 가는 근원적인 힘으로 작용한다는 점에서 의미를 지니는 것이 분명하다. 이 점에서 이러한 김시인의 생명감각과 생명의지를 우리는 생명의 가치화라고 불러 볼 수 있으리라.

이러한 생명에 대한 관심과 사랑은 시집 전체에서 식물상상력으로서 하나의 체계를 형성한다.

아지랑이 흰 그림자
창유리에 어른거린다
문 열고 바라보니 연둣빛 보리햇살
재 너머
산바람 소리 손 흔들며 가자 합니다

발아래 민들레
패랭이 곰바부리

향낭을 움켜쥔 저 낮은 걸음걸이들
부풀어 꽃 이파리도 문턱을 넘습니다

어깨 닿을 듯
속가슴 떨리던
우리 풀꽃사랑 잊혀져 가는데도
스무 살
푸르던 날이 꽃무동을 타고 갑니다

—「푸르던 날이 꽃무동을 타고 갑니다」 전문

밤새워 걸어와서

웅덩이에

암자 하나 세운다

그 순간

등신불이 되는 꽃

그보다

더 눈부신 날 없으리

—「노랑어리연꽃」 전문

이 두 편의 시에 공통되는 점은 '민들레/패랭이/곰바부리/노랑어리연꽃' 등의 식물심상이 시상을 이끌어 가는 견인력으로 작용한다는 점이다. 그러면서도 그것들이 꽃무동, 풀꽃 사랑이라든지 암자, 등신불과 같은 인간계 또는 정신세계로 내면화되고 그 내면의 심화를 이루어 가는 데서 정신의 깊이를 획득해 가는 것으로 이해된다. 그만큼 식물심상들이 단순소재나 제재로서가 아니라 형상의 세계, 사유의 세계로 진입해 들고 있다는 뜻이 되겠다.

실상 그의 시집에는 '망초꽃/억새/애기똥풀꽃/대추꽃/오죽/단풍나무/솔/꽃/풀/잎/나무' 등 헤아릴 수 없이 많은 식물심상들이 등장하여 하나의 식물도감을 펼쳐 보여 준다. 이러한 식물심상들은 또한 '까치/두루미/풀벌레/집게벌레/굼벵이/ 송사리 떼/수꿩/매미/잉어 떼/괭이갈매기 떼' 등 숫한 동물 이미지군 또는 전원심상들과 어울리면서 생명의 연쇄체계를 이루어 간다는 점에서 유의미하다.

시인의 상상력이 기본적으로 전원심상 또는 식물상상력에 뿌리를 내리고 있으면서 그것은 궁극적으로 생명감각 또는 생명의 가치화라는 사유체계를 형성한다는 사실과 무관치 않은 것으로 판단되기 때문이다. 실상 이것은 김시인의 첫 시집부터 지속되는 시정신의 기본형질이기도 한 것이 분명하다는 점에서 시적 연속성을 지닌다고 하겠다.

5. 비관적 생의 인식 또는 고독의 가치화

시인이 전원상징을 추구하고 식물적 상상력을 바탕으로 생명감각을 노래하고 생명의 가치화를 지향하는 것은 어쩌면 그만큼 자신의 실존이 고독하고 허무하다는 것을 반영하는 것인지도 모른다.

그려 본다 오늘 밤에도
줄을 그으면 선이 되고
칠하면 면이 되는 마음의 백지 위에
세상의 키를 낮추고 숨소리 가뭇없다
작아질 대로 작아진 내 영혼의 집

수없이 허방이 딛고 간 한 바다
오늘도 파도는 제 안으로 부서지고
다시는 되돌아갈 수 없는
여기 이순 너머 골 깊은 언덕까지
진실한 노래 하나 부르고 가지만
아무도 듣는 이 없다 아무도 없다

—「아무도 없다」 전문

그렇다! 시집에는 뿌리 깊은 삶의 고적감과 상실감이 출렁이고 있는 모습이다. “세상의 키를 낮추고 숨소리 가뭇없다/

작아질 대로 작아진 내 영혼의 집"이라는 구절이 그 단적인 예가 된다. "오늘도 파도는 제 안으로 부서지고/ 다시는 되돌아갈 수 없는/ 여기 이순 너머 골 깊은 언덕"이라는 소외감으로 연결되고, 마침내 "진실한 노래 하나 부르고 가지만/ 아무도 듣는 이 없다 아무도 없다"라는 절망적인 현실인식 또는 부정적인 생의 인식으로 심화돼 간다. 이러한 부정적인 현실인식 또는 비관적인 생의 인식은 삶의 여러 가지 춥고 어두운 국면들과 부딪치면서 고독의 존재로서의 실존, 허무의 존재로서 인간의 본질에 대한 자각으로 심화되어 나타난다.

하늘과 땅 경계가 사라졌다
눈보라 치는 남도 길
눈 위에 눈
펑펑 쏟아져 세상의 남루를 덮는다
네 눈에 눈꽃송이 핀다
눈꽃송이 눈썹이 하얗다

하얀 눈물로 세상을 본다
눈보다 더 흰빛으로 눈부셔
눈 시리다
눈처럼 시린 사람 어려 온다
그 사람 눈망울 그리며
나 홀로 남도 눈길을 간다

—「눈길을 가며」 전문

전화가 왔다 친구의 목소리
단짝 정이가 세상을 버렸다며
그래 얼마나 깊은 상처의 끝 길 홀로 걸어갔을까
무심했던 옛 얼굴들이 아프게 떠오른다
(… 중략 …)
강물 위에 그녀를 뿌렸다
한 점 불빛과 바람으로 실려
알 수 없는 먼 길 떠나가는 그
모두 가야 하는 길 먼저 갔을 뿐이라고
남은 우리 서로의 안부를 다짐하면서
제각기 빈 강둑을 떠나갔다
마음 무거워진 하루가
석남꽃 꽃노을로 타고 있었다

—「갈래길」 부분

이 두 편의 시를 관류하는 것은 '홀로' 로서의 단독자 인식이며 '사라짐' 으로서 허무의 인식이다. 말하자면 고독으로서의 인간실존 또는 허무로서의 인간 본질에 관한 뼈아픈 인식이며 고통스런 탄식이다

앞의 시에서 "하늘과 땅 경계가 사라졌다// 하얀 눈물로 세상을 본다// 나 홀로 남도 눈길을 간다" 는 구절 속에는 고독한 실존의 모습이 시리게 투영돼 있으며, 뒤의 시에는 "얼마나 깊은 상처의 끝 길 홀로 걸어갔을까// 강물 위에 그녀를 뿌렸다/

한 점 불빛과 바람으로 실려/ 알 수 없는 먼 길 혼자 떠나는 그/ 모두 가야 하는 길 먼저 갔을 뿐" 이라는 절대고독과 절대허무로서 인간의 본질이 아프게 묘파돼 있는 것이다.

이러한 고독의 존재, 허무의 존재로서 인간의 현상과 본질에 대한 끊임없는 성찰을 통해서 한 걸음 한 걸음 더 시와 삶의 깊이로 근접해 가고 있다는 점에서 이것을 비관적 생의 인식 또는 고독과 허무의 가치화라고 불러 볼 수도 있을 것이다.

6. 잃어버린 나, '참 나' 를 찾아서

그렇다면 시를 쓰는 궁극적인 의미는 또한 무엇일까? 한마디로 그것을 잃어버린 나를 찾는 일, 또는 '참 나' 를 찾아 떠나는 고달픈 순례의 길 또는 가치 있는 삶을 살기 위해 몸부림치는 구도의 길이라고 불러 볼 수는 없을 것인가?

올라갈 수도
내려올 수도 없는

마음과 마음의
절정 그 틈 사이

내가 내 속에 갇혀 있습니다

면벽 삼백예순다섯 날

나 없는 나
미칠 것 같습니다

—「한계령에 한계가 있듯이」 전문

인간의 길은 육신의 존재만으로서 짐승의 길도 아니며 정신의 존재만으로서 신의 길도 아닌 중간자의 길을 가야 하기에 끊임없는 모순과 갈등 속에서 살아갈 수밖에 없다. 그것은 언제나 운명과 자유, 구속과 해방, 육체와 정신 사이에서 갈등하고 방황하면서 보다 높은 정신과 영혼의 세계, 초월의 세계를 지향해 갈 수밖에 없음이 분명하다. 그러기에 시의 길은 "올라갈 수도/ 내려올 수도 없는// 마음과 마음의/ 절정 그 틈 사이// 내가 내 속에 갇혀 있"는 그런 갈등과 방황, 절망과 희망의 교차점 속에서 "나 없는 나"를 찾아 헤매고 있는 모습으로 제시된다. 그만큼 시인의 길이란, 시를 쓰는 일이란 실존적인 불안을 넘어서 본질적인 불안에 다가서는 일이며 창조적인 고통을 마주하는 일이기에 갈등의 길이고 형극의 길이라고 할 수 있는 것이다. "나 없는 나/ 미칠 것 같습니다"라는 결구는 바로 이러한 본질적 생의 번민 또는 시인의 창조적 절망을 생생하게 반영한 것이 아닐 수 없으리라.

이처럼 수시로 엄습하는 실존적 존재자로서의 끊임없는 번민과 시인으로서 운명적으로 겪을 수밖에 없는 참담한 갈등들은 실상 시인들에게 필연적인 일이며 당위적인 일이기까지 하다고 할 것이다.

> 내가 나를 잃어버린 것일까
> 잃어버린 내가 나인지 알 수 없다
>
> (세상에 없는 나
> 생의 한가운데 서서
> 먼 귀만 남아
> 6789번이지요
> 혼자 받고 혼자 끊는다)
>
> 그럼 그는 또 누구지?
> 글쎄! 알 것도 같은데
>
> 흐려진 안경을 손에 들고 맑게
> 닦는 일이라는 것을 알게 되었다
>
> 산다는 것은
>
> —「내가 없는 동안」 전문

그러고 보면 결국 산다는 것은 "생각나무를// 오늘도 무연히 바라보며 어디를 어떻게 가야 할까를 생각해"(「생각나무에 관하여」 부분) 보는 일이며, 또한 "내가 나를 잃어버린 것일까/ 잃어버린 내가 나인지" 갈등하면서 "흐려진 안경을 손에 들고 맑게/ 닦는 일이라는 것을 알게 되"는 그런 과정이 아니겠는가. 다시 말해서 산다는 것은 끊임없이 '참 나'를 찾는 구도의 과정이면서 동시에 "흔들리는 손잡이에 기대어 나는 중심을 잡는"(「역사에서」 부분) 그런 일이라는 뜻이다. 그러기에 시를 쓰는 일 또한 잃어버린 나를 찾고 '참 나'를 확립함으로써 세상을 깊이 있게 이해하고 '중심'을 잡으며 살려는 생의 몸부림 또는 자기 구원의 안간힘에 다름 아니라는 인식에 도달하게 되는 것이다.

맺음말

무엇보다도 이번 시집에서 드러나는 김경 시인의 시적 특징은 섬세한 표현성 또는 심미적인 형상성이 돋보이는 점이라고 할 수 있다. 그의 시편들은 시적인 고뇌의 질량도 일정 부분 수준을 유지하고 있지만 특히 심미적 표현성이 우수한 것으로 판단되기 때문이다.

이른 아침
산막의
휘파람새 소리 맑다

송화 가루
번져 가는
물도랑 솔바람 향기

진종일
턱을 고인 채
할미꽃 적적하다

—「도솔암 가는 길」 전문

이 시는 시각, 청각, 촉각, 후각, 근육감각 등이 서로 섬세하게 어울리면서 아름다운 한 폭 수채화의 풍정을 연출한다. 그만큼 서정의 울림이 고즈넉하고 아름답게 번져 간다는 뜻이 되겠다. 실상 좋은 시란 무엇이겠는가? 굳이 누구의 얘기를 빌릴 것도 없이 내용과 표현, 감성과 지성이 아름다운 조화, 균형 잡힌 등가를 이루는 것 그 아니겠는가? 이 점에서 김경시는 이즈음 좋은 서정시의 한 모습이 아닌가 한다.

서리 서릿바람 맑은 날

내장사
추녀 끝에 곤두박질치는
쇳물고기 하나

알몸으로
헤엄치는
풍경 속의 풍경 쇳소리

높고 낮은 산자락 따라
햇살바퀴 굴리며

가을산맥을 달려간다

—「소리물고기」 전문

가을 서정이 감각적인 풍정들과 어울리면서 섬세한 무늬결을 이루며 번져가는 모습 속에서 우리는 시적 서정의 한 빛나는 모습을 발견할 수 있는 것이다.

그렇다! 김경 시인은 지난날 한때의 어둡고 무거운 생의 터널, 아픔의 갱도에서 벗어나와 이제 건강한 시의 숨결, 생명의 세계로 밝게 걸어 나오고 있는 모습이라 하겠다. 그의 어둠과 고뇌의 시절이 깊고 오랬던 만큼 그 부활과 신생의 기쁨 또한 크고 화안할 것이 분명하다.

모쪼록 김시인의 시와 삶이 더욱 생명력 넘치고 평화와 희망의 숨결로 출렁여 가기를 소망한다.

시인 김경/ 金鏡

본명 김재순
전남 목포 출생
2000년 『시와시학』 등단
2007년 『유심』 등단
시집 『겨울포구로』가 있음.
E-mail: kimkyung39@hanmail.net

누가 바람의 집을 보았는가

지은이 | 김 경
펴낸이 | 설보혜
펴낸곳 | Poetics 시학
1판 1쇄 | 2009년 1월 30일
출판등록 | 2003년 4월 3일
주소 | 서울 종로구 명륜동1가 42
전화 | 744-0110
FAX | 3672-2674

값 8,000원

ISBN 978-89-91914-61-2 03810